SSC_A_1128_06. Realización de actividades de evaluación de los proyectos comunitarios

M. Ángeles Marín Martín

SSC_A_1128_06. Realización de actividades de evaluación de los proyectos comunitarios
© M. Ángeles Marín Martín

1ª Edición

© IC Editorial, 2026

Editado por: IC Editorial
c/ Cueva de Viera, 2, Local 3
Centro Negocios CADI
29200 Antequera (Málaga)
Teléfono: 952 70 60 04
Fax: 952 84 55 03
Correo electrónico: iceditorial@iceditorial.com
Internet: www.iceditorial.com

ISBN: 979-13-7027-168-8
Depósito Legal: MA 421-2026

Impresión: PODiPrint
Impreso en Andalucía – España

Nota de la editorial: IC Editorial pertenece a Innovación y Cualificación S. L.

Presentación del manual

El **Certificado Profesional,** anteriormente llamado Certificado de Profesionalidad, constituye el Grado C en el Sistema de Formación Profesional, asociado a un perfil profesional. Acredita la capacitación para el desarrollo de una actividad profesional concreta a través de las competencias adquiridas. Tiene carácter parcial y acumulable cuando existan Ciclos Formativos (Grado D) en los que sus módulos profesionales se encuentren contenidos en su totalidad o en parte.

El elemento mínimo acreditable es el **Estándar de Competencia.** La suma de las acreditaciones de los Estándares de Competencia conforma la acreditación del **Módulo Profesional** (Grado B).

Un Estándar de Competencia se define como una agrupación de tareas productivas que realiza el profesional. Los diferentes Estándares de Competencia de un Certificado Profesional conforman la **Competencia General.** Definiendo el conjunto de conocimientos y capacidades que permiten el ejercicio de una actividad profesional determinada.

Cada Estándar o Estándares de Competencia lleva asociado un Módulo Profesional, donde se describe la formación necesaria para adquirir ese Estándar de Competencia, pudiendo dividirse en **Bloques Formativos** (Grado A).

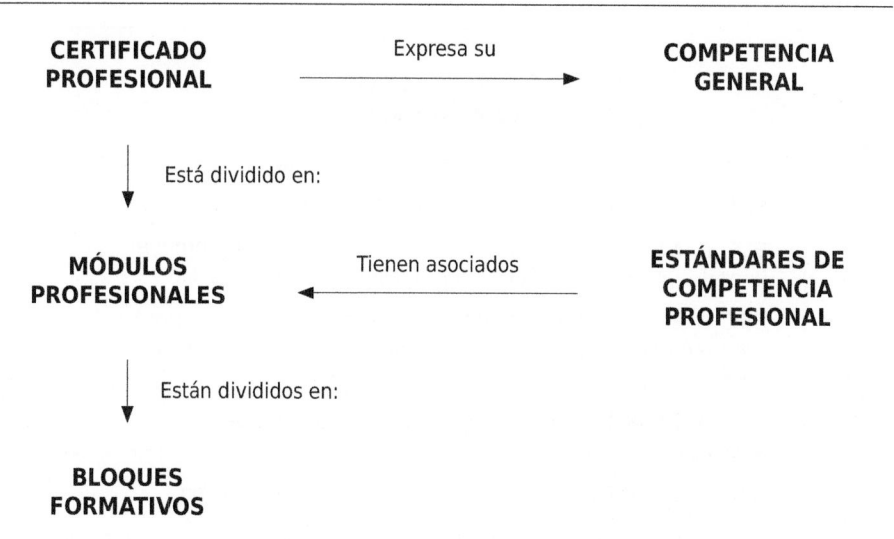

El presente manual desarrolla el Bloque Formativo **SSC_A_1128_06 Realización de actividades de evaluación de los proyectos comunitarios,**

Perteneciente al Módulo Profesional **SSC_B_1128. Desarrollo comunitario,**

Asociado al Estándar/Estándares de Competencia:

⇨ **UC1020_3:** Establecer y mantener relación con los principales agentes comunitarios: población, técnicos y administraciones, dinamizando la relación recíproca entre ellos.
⇨ **UC1021_3:** Promover la participación ciudadana en los proyectos y recursos comunitarios.
⇨ **UC1023_3:** Intervenir, apoyar y acompañar en la creación y desarrollo del tejido asociativo.
⇨ **UC1025_3:** Aplicar procesos y técnicas de mediación en la gestión de conflictos entre agentes comunitarios.

del Certificado Profesional **SSC_C_009_5B. Intervención para la promoción de la igualdad de género en el ámbito comunitario y organizacional y la participación social de las mujeres**

SSC_A_1128_06		ESTÁNDARES DE COMPETENCIA
REALIZACIÓN DE ACTIVIDADES DE EVALUACIÓN DE LOS PROYECTOS COMUNITARIOS	Tiene asociado el ←	UC1020_3 UC1021_3 UC1023_3 UC1025_3

Compuesto de los siguientes
BLOQUES FORMATIVOS

TÍTULOS ─

SSC_A_1128_01. Diseño de proyectos comunitarios

SSC_A_1128_02. Realización de actividades para promover la participación ciudadana en procesos comunitarios

SSC_A_1128_03. Aplicación de recursos y estrategias para promover la comunicación y el intercambio de información entre los agentes comunitarios

SSC_A_1128_04. Apoyo y soporte técnico al tejido asociativo

SSC_A_1128_05. Desarrollo de procesos de mediación comunitaria

SSC_A_1128_06. Realización de actividades de evaluación de los proyectos comunitarios

Contenidos desarrollados en este manual

FICHA DE CERTIFICADO PROFESIONAL

SSC_C_009_5B. INTERVENCIÓN PARA LA PROMOCIÓN DE LA IGUALDAD DE GÉNERO EN EL ÁMBITO COMUNITARIO Y ORGANIZACIONAL Y LA PARTICIPACIÓN SOCIAL DE LAS MUJERES
(Real Decreto 208/2025, de 18 de marzo)

COMPETENCIA GENERAL: Programar, desarrollar y evaluar intervenciones relacionadas con la promoción de la igualdad de género y la participación social de las mujeres, aplicando estrategias y técnicas del ámbito de la intervención social y detectando situaciones de riesgo de discriminación por razón de sexo.

Estándares de Competencias Profesionales		Ocupaciones o puestos de trabajo relacionados
UC1020_3	Establecer y mantener relación con los principales agentes comunitarios: población, técnicos y administraciones, dinamizando la relación recíproca entre ellos.	
UC1021_3	Promover la participación ciudadana en los proyectos y recursos comunitarios.	
UC1023_3	Intervenir, apoyar y acompañar en la creación y desarrollo del tejido asociativo.	
UC1025_3	Aplicar procesos y técnicas de mediación en la gestión de conflictos entre agentes comunitarios.	• Promotores/as de igualdad de trato y de oportunidades entre mujeres y hombres.
UC1453_3	Promover y mantener canales de comunicación en el entorno de intervención, incorporando la perspectiva de género.	• Promotores/as para la igualdad efectiva de mujeres y hombres.
UC1582_3	Detectar e informar a organizaciones, empresas, mujeres y agentes del entorno de intervención sobre relaciones laborales y la creación, acceso y permanencia del empleo en condiciones de igualdad efectiva de mujeres y hombres.	• Técnicos/as de apoyo en materia de igualdad efectiva de mujeres y hombres.
UC1583_3	Participar en la detección, análisis, implementación y evaluación de proyectos para la igualdad efectiva de mujeres y hombres.	
UC1454_3	Favorecer la participación de las mujeres y la creación de redes estables que, desde la perspectiva de género, impulsen el cambio de actitudes en la sociedad y el «empoderamiento» de las mujeres.	

Correspondencia con el Catálogo Modular de Formación Profesional		
Módulos profesionales	**Bloques formativos**	**Horas**
SSC_B_1128. Desarrollo comunitario (100 h)	SSC_A_1128_01. Diseño de proyectos comunitarios	**15**
	SSC_A_1128_02. Realización de actividades para promover la participación ciudadana en procesos comunitarios	20
	SSC_A_1128_03. Aplicación de recursos y estrategias para promover la comunicación y el intercambio de información entre los agentes comunitarios	15
	SSC_A_1128_04. Apoyo y soporte técnico al tejido asociativo	15
	SSC_A_1128_05. Desarrollo de procesos de mediación comunitaria	20
	SSC_A_1128_06. Realización de actividades de evaluación de los proyectos comunitarios	**15**

>>>

Correspondencia con el Catálogo Modular de Formación Profesional		
Módulos profesionales	**Bloques formativos**	**Horas**
SSC_B_1401. Información y comunicación con perspectiva de género (250 h)	SSC_A_1401_01. Análisis de los procesos de comunicación desde la perspectiva de género	50
	SSC_A_1401_02. Detección de situaciones de discriminación por razón de género en los procesos de comunicación e información	55
	SSC_A_1401_03. Diseño de actuaciones de comunicación e información desde la perspectiva de género	55
	SSC_A_1401_04. Implementación de actuaciones de comunicación e información no sexistas	45
	SSC_A_1401_05. Evaluación de actuaciones de comunicación e información desde la perspectiva de género	45
SSC_B_1403. Promoción del empleo femenino (250 h)	SSC_A_1403_01. Caracterización de la situación de la mujer en materia de empleo	45
	SSC_A_1403_02. Organización de actividades de promoción de igualdad efectiva en materia de empleo	50
	SSC_A_1403_03. Organización de actividades de asesoramiento y prospección de empresas	55
	SSC_A_1403_04. Desarrollo de procesos de orientación e información a las mujeres en materia de empleo	55
	SSC_A_1403_05. Realización de actividades de seguimiento del proceso de promoción del empleo	45
SSC_B_1404. Ámbitos de intervención para la promoción de igualdad (190 h)	SSC_A_1404_01. Caracterización del entorno de intervención desde la perspectiva de género	30
	SSC_A_1404_02. Diseño de estrategias para la igualdad efectiva entre hombres y mujeres	25
	SSC_A_1404_03. Organización de acciones para informar y sensibilizar sobre el trabajo no remunerado de las mujeres en el ámbito doméstico	30
	SSC_A_1404_04. Aplicación de estrategias para informar y sensibilizar sobre las medidas de conciliación en los diferentes ámbitos y contextos de intervención	25
	SSC_A_1404_05. Realización de actividades de control y seguimiento de la intervención en materia de igualdad efectiva	30
SSC_B_1405. Participación social de las mujeres (100 h)	SSC_A_1405_01. Caracterización de la participación social de las personas	15
	SSC_A_1405_02. Diseño de estrategias para promover la participación social de las mujeres en el ámbito público	15
	SSC_A_1405_03. Diseño de estrategias para promover el empoderamiento de las mujeres	15
	SSC_A_1405_04. Desarrollo de estrategias de intervención en procesos grupales	15
	SSC_A_1405_05. Desarrollo de procesos de acompañamiento y asesoramiento a mujeres	20
	SSC_A_1405_06. Realización de actividades de evaluación de los proyectos comunitarios	20
1782. Prevención de riesgos laborales		30

Índice

OBJETIVOS GENERALES

Los objetivos generales del **SSC_A_1128_06. Realización de actividades de evaluación de los proyectos comunitarios,** son:

- Seleccionar estrategias e instrumentos de evaluación participativa, atendiendo a las características de la comunidad y los objetivos que hay que lograr.
- Elaborar instrumentos para realizar el seguimiento de los procesos de participación, en colaboración con los diferentes agentes.
- Adecuar las técnicas e instrumentos de recogida y análisis de la evaluación a la realidad de los diferentes agentes.
- Establecer protocolos para la comunicación de los resultados de la evaluación a todos los miembros del equipo y agentes implicados.
- Identificar los instrumentos de análisis que permitan identificar la relación establecida entre los diferentes agentes comunitarios y su nivel de coordinación.
- Establecer criterios e indicadores para verificar la utilidad de las estrategias e instrumentos de comunicación empleados en el proyecto comunitario.
- Emplear las tecnologías de la información y la comunicación para la elaboración, presentación y difusión de informes de evaluación y memorias.
- Establecer los procedimientos generales para la gestión de la calidad de la intervención.

La evaluación en el ámbito comunitario: características y proceso

Contenido

Objetivos

Los objetivos específicos de esta Unidad de Aprendizaje son:

→ Conceptuar la evaluación en el ciclo de un proyecto.
→ Interpretar el enfoque multidimensional en la evaluación de proyectos en el ámbito comunitario.
→ Determinar aspectos claves para la formalización del manifiesto público sobre la evaluación en un proyecto.
→ Enunciar los distintos elementos que reflejar en un informe de seguimiento o evaluación.
→ Analizar la diferenciación entre seguimiento y evaluación.
→ Identificar instrumentos para analizar el nivel de participación de un proyecto.

1. Introducción

La evaluación de proyectos en el ámbito de la comunidad es una herramienta fundamental, tratándose de un proceso que no solo garantiza la transparencia y objetividad de un proyecto, sino que también permite evaluar de manera efectiva las medidas adoptadas para analizar el impacto de una intervención.

El cumplimiento del objetivo de un proyecto comunitario se efectúa con el diseño e implementación del procedimiento de seguimiento y evaluación para atender a los distintos aspectos que integran la vida de un proyecto, convirtiéndose así en un compromiso con la calidad de una intervención. También se convierte en una oportunidad para potenciar la "cultura organizacional" hacia valores de igualdad, equidad e inclusión. Implementar acciones concretas y medir su impacto de manera continuada fortalece el compromiso de la organización con sus valores y puede posicionarla como líder en responsabilidad social corporativa (RSC).

En lo que respecta a las organizaciones, tanto públicas como privadas, deben tomar un papel activo en la defensa de los principios de igualdad, diversidad e inclusión proclamados en el marco estatal y autonómico de referencia, así como en la lucha contra las discriminaciones existentes o futuras. En este contexto, el marco evaluativo en el diseño e implementación de un proyecto cobra su gran relevancia.

Para conocer estos y otros aspectos, y saber cuál es el objetivo del seguimiento y evaluación de un proyecto, así como delimitar sus diferenciaciones, nos basaremos en como una organización afronta el diseño e implementación del seguimiento y evaluación para abordar un proyecto comunitario. Con Cayetana al frente como representación de la Fundación D&I, en la que trabaja y que liderará un proyecto comunitario, nos aproximaremos a la evaluación en el ámbito comunitario: características y proceso.

2. Ciclo de un proyecto y proceso evaluativo

 **HILO CONDUCTOR**

El esbozo del proyecto que pretende llevar a cabo la Fundación D&I contempla la evaluación, tal como se ha venido haciendo en otros proyectos anteriores,

Continúa en página siguiente >>

<< Viene de página anterior

enfocada en una evaluación final de los resultados. Esta es la primera vez que van a poner en marcha un "proyecto comunitario", de modo que Cayetana ha decidido ahondar en el procedimiento de seguimiento y evaluación que conlleva una intervención de esta envergadura. Todo ello bajo la premisa de ahondar en la temática y ser facilitadora y promotora del desarrollo, ayudando al resto de agentes e instituciones que intervengan en el proyecto.

Comprender el **ciclo de un proyecto** y su **relación con el seguimiento y evaluación** resulta esencial para el adecuado seguimiento y evaluación de cualquier intervención pública o privada. El análisis de las distintas fases de un proyecto permite identificar en qué momentos y de qué manera debe integrarse el seguimiento y evaluación para maximizar la eficacia, eficiencia e impacto de las medidas/acciones que implementar.

El ciclo del proyecto incluye necesariamente integrar el procedimiento de seguimiento y evaluación de forma transversal.

Desde un enfoque cíclico y estructurado del **procedimiento de seguimiento y evaluación** se promueve la eficacia y calidad en la gestión de un proyecto asegurando su utilidad como instrumento vivo y adaptativo al contexto objeto de intervención.

Por su parte, el **plan de gestión de la calidad** de un proyecto establecerá estándares, método de aplicación y distribución de responsabilidades para implementar los requisitos de calidad establecidos para dicha intervención.

El plan de gestión de la calidad de una organización o de una intervención (programa, proyecto...) asegurará, por una parte, estructurar los elementos clave y estándares que se delimitarán y, por otro lado, implementar un plan de calidad efectivo.

La gestión de la calidad asegurará dos tipos de procedimientos interrelacionados entre sí:

- **Planificación del plan:** determinará la estructuración de "elementos clave" aplicables de la intervención y "estándares de calidad" que contemplar. Por ejemplo:

Elementos clave del plan	- Objetivos alineados con los objetivos generales de la propia intervención, metodología/procedimiento que llevar a cabo, recursos y medios para realizar el plan, cronograma, seguimiento y evaluación del plan...
Estándares de calidad	- Se establecen criterios para alcanzar un óptimo desarrollo de la intervención pasando a definir el nivel de excelencia de esta. - Eficacia, eficiencia, sostenibilidad, innovación y mejora...

- **Implantación del plan:** conlleva la ejecución del plan diseñado, lo que conlleva su puesta en marcha, así como su seguimiento y evaluación.

En el último de los apartados de la unidad podrás establecer las diferenciaciones entre seguimiento y evaluación; eso sí, tienen en común la obtención de datos e información relevante de la intervención, en términos de **criterios de evaluación.** Los criterios de evaluación que se describen a continuación irán en consonancia con los estándares/criterios de calidad propuestos en el plan diseñado:

- **Eficiencia:** tal como la define el *Diccionario de la Real Academia Española,* la "eficiencia" es la capacidad de disponer de alguien o algo para conseguir el cumplimiento adecuado de una función. Por ejemplo:

Análisis de la eficiencia	- En el supuesto de un proyecto comunitario, haría referencia a los medios y recursos que se han empleado en relación con los resultados que se han obtenido con la intervención.

⮚ **Eficacia:** por su parte, la eficacia responde a la capacidad de lograr el efecto que se desea o se espera. Por ejemplo:

Análisis de la eficacia	- En el contexto que nos ocupa, aborda la consecución de los objetivos propuestos a través de un proyecto o intervención en el ámbito comunitario.

⮚ **Impacto:** por su parte, el impacto de un proyecto hace alusión a sus efectos, positivos y negativos, lo que llevará a comprender la relación causal entre la intervención y los resultados observados. No confundir con el denominado **análisis del impacto de género** de un proyecto que es un tipo de análisis *ex ante* a la planificación de una intervención. Por ejemplo:

Análisis del impacto de género	- Herramienta utilizada para identificar desigualdades y áreas de mejora en políticas, programas y proyectos, considerando las diferencias en roles y responsabilidades entre géneros, promoviendo la igualdad efectiva de mujeres y hombres.

 PARA SABER MÁS

En el siguiente documento publicado por la OCDE se analizan los distintos criterios que permitirán adquirir los conocimientos necesarios en el uso de diversas herramientas y técnicas propias de seguimiento y evaluación. Accede al siguiente enlace para verlo.

https://redirectoronline.com/1128060101

Finalmente, para la adecuada implementación de un proyecto comunitario, es esencial que se formalice su compromiso con el seguimiento y evaluación. Esto implica el reconocimiento explícito de la importancia del seguimiento y evaluación de la intervención que se llevará a cabo y el compromiso de dedicar recursos financieros y humanos para su puesta en marcha.

La **formalización del compromiso** por parte de una organización es un paso crucial que asegura una implementación efectiva y sostenible de la "intervención". Este compromiso debe manifestarse no solo a nivel de declaración en el ámbito organizacional y de la comunidad, sino también mediante un procedimiento que evidencie un respaldo auténtico hacia los objetivos, resultados e impacto del proyecto en cuestión.

 EJEMPLO

Un ejemplo práctico es la firma de un "manifiesto público" por parte de la entidad y comunidad en el que se declare el compromiso con el seguimiento y evaluación de la intervención, apostando así por la gestión de la calidad de esta.

 ACTIVIDAD 1

Cayetana debe determinar con exactitud los procedimientos de gestión de calidad para el proyecto comunitario que quieren desarrollar, ya que es la primera vez que va a ser implantada en una intervención desde su organización. ¿Puedes ayudarla a establecer la relación entre los procedimientos de planificación e implementación del plan de gestión de la calidad?

a. El procedimiento de planificación delimita la ejecución del plan, mientras que el procedimiento de implantación define los criterios de calidad.
b. El procedimiento de planificación no conlleva apenas requisitos. Todo se delimita y concreta en el procedimiento de ejecución.
c. El procedimiento de planificación del plan contempla elementos clave y estándares de calidad que se desarrollarán en el procedimiento de ejecución.
d. El procedimiento de planificación contempla los estándares de calidad y en el procedimiento de ejecución se definen los elementos clave.

ACTIVIDAD COMPLEMENTARIA

1. Cayetana consulta proyectos y buenas prácticas en relación con el manifiesto público de otros proyectos comunitarios sobre su compromiso con el procedimiento de seguimiento y evaluación, ya que necesita saber cómo enfocar este aspecto en el proyecto que se liderará desde su entidad.

   Determina los aspectos clave/principios que especificar en la formalización de dicho compromiso con la finalidad de redactar un "manifiesto público" del que dispongan responsables, personal técnico y agentes integrantes del proyecto comunitario. Por ejemplo: el procedimiento de seguimiento y evaluación apuesta por la calidad del proyecto comunitario y la transparencia en su desarrollo y resultados.

3. Marco evaluativo en el diseño e implementación de un proyecto comunitario

 HILO CONDUCTOR

En el proyecto comunitario que se quiere implementar desde la fundación en la que trabaja Cayetana aún no se cuenta con las bases y premisas del marco evaluativo que deberá conocerse por la comunidad y las entidades participantes. Por ello, se necesita esclarecer el enfoque multidimensional y participativo que adquiere el seguimiento y evaluación de un proyecto comunitario.

Para llevar a cabo una evaluación justa y equitativa de un proyecto comunitario, es esencial establecer criterios claros y objetivos desde el inicio, es decir, **planificados con anterioridad** y acordes al **plan de gestión de la calidad.** Estos aspectos deben reflejar el compromiso de las partes implicadas con el principio de igualdad y no discriminación en la propia comunidad destinataria.

Las funciones generales del procedimiento de seguimiento y evaluación en un proyecto son:

Adecuación de medidas o acciones

Contrastar la adecuación de medidas o acciones frente a los objetivos definidos en el proyecto.

Identificar problemas y soluciones

Identificación de problemas, las causas que los han originado y las soluciones planteadas.

Opciones de mejora

Reformular mejoras necesarias en el trascurso o finalización del proyecto.

Analizar resultados

A través de la información cuantitativa y cualitativa obtenida haciendo uso de la "triangulación de datos".

Argumentos y evidencias

Ofrecer argumentos y evidencias para la toma de decisiones y la rendición de cuentas.

Buenas prácticas

Documentar posibles buenas prácticas y lecciones aprendidas para futuras actuaciones internas o externas a la entidad.

La participación activa de las diferentes partes interesadas es un componente clave en la evaluación de proyectos comunitarios, lo que viene a denominarse **evaluación participativa,** de modo que requerirá desarrollar actuaciones y herramientas que reporten una evaluación compartida sobre el proyecto en el que se participa o medidas/acciones concretas que se diseñen dentro de este.

El trabajo conjunto de la comunidad lleva a determinar elementos principales como cultura común, pertinencia, comunicación, colaboración y empoderamiento.

La **retroalimentación constructiva y continua** a lo largo del proceso de seguimiento y evaluación es vital para el perfeccionamiento del proyecto y la promoción de la igualdad. La **inclusión de *feedback*** del personal técnico, la propia comunidad e incluso otros actores o entidades, públicas o privadas, asegura una comprensión más amplia y holística de los resultados y del impacto del proyecto.

 VÍDEO

El siguiente vídeo muestra resumidamente el proyecto Mi Casa: Una Vida en Comunidad, del movimiento asociativo Plena Inclusión, que lucha por los derechos de las personas con discapacidad intelectual o del desarrollo y sus familias en España. Accede a través del siguiente enlace para verlo.

https://redirectoronline.com/128060102

 RECUERDA

El propósito del seguimiento y la evaluación de un proyecto debe garantizar que la intervención sea efectiva, justa y alineada con los objetivos de este.

4. Seguimiento y evaluación, dos caras de una misma moneda

☞ HILO CONDUCTOR

Diferenciar claramente el seguimiento de la evaluación es esencial a la hora de planificar y diseñar un proyecto. A veces se utilizan como sinónimos los conceptos de "seguimiento" y "evaluación" en un proyecto, programa o acción, por lo que se necesita tener claro que son dos actuaciones distintas pero complementarias.

- -

La premisa de trabajo común es que el seguimiento y evaluación de un proyecto deben ser planificados con anterioridad. Deben estar definidos de forma diferenciada formando parte de un todo, el **procedimiento de seguimiento y evaluación.**

Desde una utilidad práctica diferenciadora y de modo generalizado, la finalidad propia de cada uno es:

- ➲ **Seguimiento:** permite verificar y registrar la evolución y desarrollo de un proyecto. Al atender al nivel de ejecución, permite detectar incidencias o necesidades de ajuste durante la implementación de la intervención, minimizándose así los posibles efectos negativos. Por ejemplo, identificar posibles incidencias en medidas o acciones basadas en información actualizada aportada por el seguimiento permite un reajuste en tiempo real.
- ➲ **Evaluación:** permite analizar el efecto real de un proyecto y medir el grado de consecución de los objetivos perseguidos por este, pudiendo enfocarse tanto en los resultados como en el propio impacto de género de dicho proyecto. Por ejemplo, analizar el impacto de género del proyecto comunitario que se quiere diseñar.

SABÍAS QUE...

En principio, todo tipo de actuación, tanto pública como privada, puede ser evaluada con enfoque de género. El análisis del impacto de género tiene por finalidad analizar el impacto diferenciado por sexo de una norma, programa o proyecto. Para ello se definirá un marco de indicadores pertinentes al género con base en el ámbito de actuación.

- -

En el marco del **procedimiento de seguimiento y evaluación,** la **diversidad de técnicas e instrumentos cuantitativos y cualitativos** que emplear es diversa: desde la elaboración de **cuestionarios** para analizar el nivel de participación de un proyecto hasta el uso de la **herramienta DAFO** para el análisis de aspectos internos y externos de un ámbito o aspecto en cuestión.

Por otra parte, las características diferenciadoras entre **seguimiento** y **evaluación** son las siguientes:

Definición	
SEGUIMIENTO	**EVALUACIÓN**
Proceso continuo y sistemático de análisis sobre el nivel de ejecución de un proyecto.	Análisis periódico y sistemático de los resultados obtenidos en momentos específicos y del impacto del proyecto.
Finalidad	
SEGUIMIENTO	**EVALUACIÓN**
Verificar y registrar si el nivel de ejecución metodología, acciones…, diseñado en el proyecto se está realizando según lo planificado: identificar logros de resultados, realizar ajustes según necesidades, identificar desafíos… El seguimiento retroalimenta a la evaluación.	Valorar los resultados, efectos e impacto de del proyecto. Identificar consecución de objetivos, resultados obtenidos y áreas de mejora. La evaluación se basa considerablemente en los datos generados por el seguimiento.
Preguntas clave	
SEGUIMIENTO	**EVALUACIÓN**
¿Las acciones se han puesto en marcha tal como estaba previsto en la calendarización? ¿Se están cumpliendo los plazos y recursos asignados? ¿Qué dificultades se han suscitado?	¿Se han conseguido los objetivos definidos? ¿Han mejorado las condiciones de igualdad de género? ¿Qué eficacia y eficiencia han tenido las acciones o medidas implantadas?
Temporalidad	
SEGUIMIENTO	**EVALUACIÓN**
Durante toda la vigencia del proyecto (monitorización periódica).	En momentos específicos: cierre de ciclo, fases intermedias o finalización del proyecto. Puede llevarse a cabo una evaluación intermedia y otra final.

Continúa en página siguiente >>

<< Viene de página anterior

Resultado esperado	
SEGUIMIENTO	**EVALUACIÓN**
Informes de seguimiento, matrices de planificación del seguimiento, identificación de dificultades o desviaciones (ajustes en la ejecución del proyecto).	Informe de evaluación intermedia, final o de impacto: recomendaciones, buenas prácticas, propuestas de mejora y toma de decisiones para futuros proyectos.

Ambos procesos mantienen una relación complementaria, por lo que no conlleva duplicar esfuerzos, ya que aportan información relevante desde distintas perspectivas. El seguimiento retroalimenta a la evaluación, facilitando una toma de decisiones basada en información actualizada, tanto para ajustarse a la vida del proyecto como para reorientar estrategias para futuras mejoras.

 CONSEJO

Se realizará al menos una evaluación intermedia y otra final, así como cuando sea acordado por el propio equipo de trabajo y con base en el periodo de duración del proyecto. El documento reflejo de dichas evaluaciones será un informe de evaluación.

- Un *informe de evaluación intermedia* para conocer la marcha del proceso de implementación del proyecto y establecer, de considerarse necesario, las medidas de ajuste necesarias (a los tres meses, seis meses...).
- Un *informe de evaluación final* al finalizar el proyecto.

El seguimiento y evaluación de una intervención son procesos continuos que permiten medir el progreso, realizar los ajustes necesarios y validar resultados e impacto del proyecto.

Por su parte, los **instrumentos y herramientas para el seguimiento y evaluación** se seleccionan en función de la planificación del seguimiento y evaluación, nunca al revés: indicadores de género, cuestionarios para recopilar información, entre otros.

Además, es crucial aplicar un **enfoque multidimensional en la evaluación** que considere tanto los aspectos cualitativos como cuantitativos para llevar a cabo el procedimiento de seguimiento y evaluación. El papel de la obtención de **datos desagregados por sexo** es crucial para visibilizar la situación de las mujeres con relación a los hombres, en el contexto de la intervención. Un ejemplo de ello es la denominada **brecha de género.**

NOTA

La "brecha de género" es la desigualdad entre mujeres y hombres en un determinado ámbito o aspecto analizado.

SABÍAS QUE...

La "triangulación de datos" es una técnica de investigación social que combina fuentes de información cuantitativa y cualitativa con la finalidad de contrastar información a través de la recogida de datos. Cada fuente de datos proporciona un punto de información relevante para las otras fuentes utilizadas.

Por ejemplo, una entidad puede analizar la eficacia de una medida basada en el porcentaje de participantes que han mejorado sus habilidades técnicas, mientras también se considera la satisfacción y el valor percibido por las personas participantes.

TAREA 1

Cayetana ha convocado una sesión entre todos los agentes del proyecto para seguir trabajando en el procedimiento de seguimiento y evaluación de este. En concreto quieren abordar el seguimiento de los procesos participativos.

En este contexto realiza las siguientes acciones:

Continúa en página siguiente >>

<< Viene de página anterior

1. En el supuesto de que tuvieras que participar en esta reunión, delimita qué instrumentos (técnicas, indicadores de género, medios…) se pueden concretar para abordar el seguimiento del nivel de participación en la intervención.
2. Establece la relación entre el procedimiento de seguimiento fruto de la reunión propuesta y el procedimiento para la gestión de la calidad de la intervención.

5. Resumen

El procedimiento de seguimiento y evaluación de un proyecto comunitario requiere de una planificación previa y rigurosa a la hora de diseñarlo. Ambos procesos mantienen una relación complementaria, donde el seguimiento retroalimenta a la evaluación.

La participación activa de las diferentes partes interesadas es otro componente clave en la evaluación de proyectos comunitarios, lo que viene a denominarse "evaluación participativa".

La organización a través de la participación de la comunidad y entidades implicadas debe velar por el cumplimiento de su puesta en marcha y ejecución, apostando por la calidad de la intervención, así como por la transparencia y comunicación de resultados.

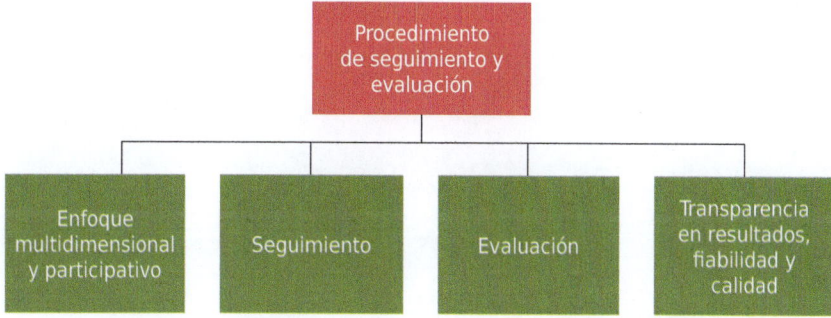

Ejercicios de autoevaluación
Unidad de Aprendizaje 1

1. Indica si la siguiente oración es verdadera o falsa: "Ambos procesos mantienen una relación complementaria, siendo la evaluación la que retroalimenta al seguimiento".

   - Verdadero
   - Falso

2. Verificar y registrar si las medidas/acciones diseñadas en un proyecto se están realizando según lo planificado en torno al nivel de ejecución se conoce como...

   a. ... seguimiento.
   b. ... impacto.
   c. ... evaluación.
   d. ... evaluabilidad.

3. Los mejores criterios para una mejor evaluación según la OCDE son:

   a. Coherencia, eficiencia, impacto, resistencia y sostenibilidad.
   b. Pertinencia, coherencia, eficacia, eficiencia, impacto y sostenibilidad.
   c. Coherencia, eficacia, eficiencia, impacto y resiliencia.
   d. Coherencia, participación, eficacia, eficiencia, impacto y sostenibilidad.

4. Indica si la siguiente oración es verdadera o falsa: "La evaluación participativa conlleva un enfoque coherente que demanda un elevado involucramiento de diversos actores y entidades en la intervención evaluativa de un proyecto".

   - Verdadero
   - Falso

5. Los datos desagregados por sexo permiten acciones como...

    a. ... recoger información diferenciada con base en el sexo a través de fuentes de información cuantitativa.

    b. ... visibilizar la situación de las mujeres con relación a los hombres en el contexto de la intervención.

    c. ... recopilar información con base en el sexo a través de fuentes cualitativas.

    d. Todas las opciones son incorrectas.

Evaluación participativa. Concepto y consideraciones metodológicas

Contenido

Objetivos

Los objetivos específicos de esta Unidad de Aprendizaje son:

→ Analizar la conceptualización y peculiaridades de la evaluación participativa.
→ Diseñar medidas de coordinación de agentes evaluadores en un proyecto comunitario.
→ Identificar ventajas e inconvenientes de llevar a cabo una evaluación externa en un proyecto comunitario.
→ Diseñar medidas o acciones que promuevan una eficaz coordinación entre las personas implicadas en un procedimiento de seguimiento y evaluación.
→ Identificar la necesidad de llevar a cabo la conocida como metaevaluación.

1. Introducción

La evaluación participativa se diferencia respecto a otras modalidades de evaluación por su enfoque colaborativo, que involucra a las partes interesadas en el proceso de seguimiento y evaluación de un proyecto o intervención, desde el diseño hasta la implementación y el análisis de resultados e impacto de este.

La transparencia en la implementación y el fomento de un ambiente de comunicación abierta durante los diversos niveles de implementación son prácticas esenciales para una estrategia de evaluación participativa.

La evaluación participativa ofrece a un proyecto comunitario:

- Participación activa de la propia comunidad, dando un mayor protagonismo y dinamismo en el procedimiento de seguimiento y evaluación a las personas beneficiarias para las cuales la intervención está dirigida. Es una forma de reunir una diversidad de puntos de vista y soluciones a las necesidades planteadas.
- Aprovechamiento del potencial humano de la propia comunidad fomentando el liderazgo y empoderamiento de esta.

Crear una comisión evaluadora para abordar el procedimiento se hace indispensable. Esta comisión será el órgano responsable de la facilitación y la coordinación, asegurando que se respeten los criterios de evaluación y la planificación acordados entre actores clave.

Para conocer las peculiaridades de una evaluación participativa en el marco de un proyecto comunitario, así como el régimen de colaboración entre agentes y entidades implicados, nos seguiremos basando en la Fundación D&I y en cómo puede plantear este tipo de modalidad evaluativa para el diseño e implementación de un proyecto que liderará con la comunidad con la que viene trabajando hace años. Cayetana, al frente de la idea sobre la que quiere desarrollarse dicho proyecto, tiene un gran cometido por delante.

2. Evaluación de los procesos de participación

☞ **HILO CONDUCTOR**

La propuesta de una estrategia de evaluación participativa requiere de la puesta al día de peculiaridades y requerimientos para ponerla en marcha. La implicación de personal técnico, entidades y la participación de personas beneficiarias es una condición indispensable para llevar a cabo una evaluación participativa en un proyecto comunitario. Cayetana requiere de un marco de referencia general que le permita abordar todos los aspectos de esta modalidad evaluativa.

La **evaluación de proyectos comunitarios con un enfoque participativo** no solo pretende implicar al mayor número de personas con un cierto grado de compromiso e involucración en el proyecto o intervención, sino que es esencial para garantizar **el principio de igualdad de oportunidades y género** en el ámbito comunitario.

A grandes rasgos, la evaluación participativa implica:

Involucrar a las partes interesadas	Objetividad y transparencia en el proceso
- Se hace imprescindible facilitar a las partes interesadas su participación en el proceso de seguimiento y evaluación. Esto asegura que diferentes perspectivas y experiencias enriquezcan el proceso y se mitiguen los posibles sesgos de género individuales. Las opiniones de representantes comunitarios, personal experto del sector público o asociativo, personas beneficiarias potenciales… son cruciales.	- Mantener una comunicación abierta y transparente sobre cómo se desarrollará el seguimiento y evaluación es crucial. Publicar los criterios de la evaluación y garantizar el acceso a los resultados e impacto aporta objetividad y calidad.

SABÍAS QUE...

Los "sesgos de género" son las creencias inconscientes que tenemos sobre hombres y mujeres basadas en los estereotipos socioculturales con los que nos hemos educado y que hemos interiorizado, de forma que operan de manera automática sin ser muy consciente de ello.

El sesgo de género se apoya en los estereotipos que llevan a esperar determinadas actitudes, comportamientos, habilidades, aptitudes o capacidades asociadas al género, percibiendo de forma negativa aquellas que salen de "la norma". También favorece que no se tenga en cuenta a uno u otro género para el desempeño de ciertas actividades, profesiones o tareas.

La **evaluación participativa** demanda un elevado involucramiento de agentes sociales o actores en la intervención evaluativa de un proyecto o programa. Para ello se hace necesario un **mapeo de actores clave (MAC)** que permita identificar a las personas, grupos y entidades. Al mismo tiempo, deben identificarse aquellas funciones/responsabilidades que se otorgan a cada uno, permitiendo tener claridad sobre quiénes intervienen, así como la identificación en público de las responsabilidades asumidas.

En este aspecto recurrimos al **Dr. Esteban Tapella,** profesor e investigador, y su trabajo en este ámbito.

Portada de la guía El mapeo de actores claves, de Esteban Tapella. En esta guía se introduce la técnica del mapeo de actores claves (MAC), una herramienta de gran utilidad en evaluaciones que se propongan la participación e inclusión social.

▷ VÍDEO

El vídeo presenta los principales contenidos y utilidad de una de las herramientas para la evaluación participativa: El mapeo de actores claves. Accede al mismo desde aquí.

https://redirectoronline.com/1128060201

Identificado el MAC debemos poner el foco en **estrategias e instrumentos de evaluación participativa** acordes a la intervención que se implementará. Existen multitud de propuestas en torno a análisis problemas y soluciones en una comunidad (Análisis DAFO, Diagrama de Venn o matriz de evaluación de recursos), representaciones gráficas como el mapa social, técnica nominal de grupo o método grupal para la generación desde la participación grupal junto a dinámicas de grupo de aplicación general que pueden ser recreadas o adaptadas a procesos de evaluación.

PARA SABER MÁS

En la siguiente web se identifican y documentan técnicas participativas creadas por integrantes de la comunidad EvalParticipativa, que han sido utilizadas en diferentes contextos, con distintos grupos de actores sociales y para variados propósitos evaluativos. Accede al siguiente enlace para verlas.

Continúa en página siguiente >>

<< Viene de página anterior

https://redirectoronline.com/1128060202

Sin olvidar, eso sí, tal como propone Esteban Tapella que un proceso participativo implica una **práctica de redistribución del poder**. Hay que destacar que la realidad es cambiante, y que el rol y funciones de determinados actores pueden modificarse, por lo que es necesario actualizarlo con frecuencia.

Por último, reseñar que también es necesario considerar que la propia evaluación puede ser evaluada, lo que se conoce como **metaevaluación.**

La metaevaluación se centra en analizar la **calidad técnica, estratégica y metodológica** del procedimiento de seguimiento y evaluación, ofreciendo directrices sobre pautas de evaluación seguidas, idoneidad y eficacia en relación con los objetivos propuestos, estrategias para la participación que se han puesto en práctica, colaboración e implicación de agentes evaluadores etc.

 **RECUERDA**

El enfoque proactivo en la implementación del seguimiento y evaluación de un proyecto comunitario permite la inclusión de una diversidad de agentes asegurando que las evaluaciones sean más representativas y consideradas de necesidades e intereses de todas las partes implicadas. Sin obviar que conlleva el fomento de un entorno de trabajo inclusivo y productivo.

✏ ACTIVIDAD 2

Se organiza una reunión de trabajo con todos/as los/as agentes intervinientes en el proyecto comunitario con el objetivo de realizar un análisis crítico de las necesidades y oportunidades de la comunidad, abordando las principales variables o las que sean más relevantes. Ayuda a Cayetana a seleccionar estrategias e instrumentos de evaluación participativa.

a. Análisis DAFO.
b. Análisis DAFO y MAC.
c. Técnica nominal de grupo.
d. Las opciones a y c son correctas.

3. Evaluación de las relaciones y nivel de coordinación de agentes evaluadores

☞ HILO CONDUCTOR

Ante la involucración de distintos agentes o actores en la práctica de la evaluación participativa, se pone de relieve la importancia de la planificación y coordinación de las intervenciones tras el diseño del MAC (mapa de actores claves) y la asignación de funciones y responsabilidades.

Cayetana cuenta con algunas ideas clave sobre cómo abordar dicha coordinación, pero necesita averiguar posibles medidas o acciones enfocadas hacia la implicación activa de agentes sociales evaluadores.

La tendencia a diseñar "evaluaciones participativas" en régimen de colaboración requiere de una alineación y eficaz división del trabajo. Responde a los principios de **empoderamiento** y **desarrollo de las capacidades de la propia comunidad,** huyendo de una práctica evaluadora solo por parte de personal técnico asignado a tal fin.

Apuntando también a las grandes ventajas que reporta, por un lado, conocimiento y comprensión de la propia realidad para responder a las necesidades e intereses detectados y, por otro lado, atención a la calidad de la propia evaluación, generación de evidencias, medición de resultados e impacto, transparencias y rendición de cuentas.

Esteban Tapella en "Una evaluación 'sin' evaluadores" plantea la concepción de la participación desde dos dinámicas. Por un parte, la oportunidad de facilitar dicha participación en términos de voluntad para crear canales de participación y, por otra, la capacidad existente de participar determinada por habilidades y actitudes de agentes o actores participantes.

Por su parte, Cousins, J. B., & Whitmore, E., apuestan por una evaluación participativa transformadora en base a la participación de la diversidad de agentes implicados desde un trabajo compartido.

Desde la **OCDE (Organización para la Cooperación y el Desarrollo Económico)** se hace referencia a las condiciones generales que deben reunir los componentes de un equipo evaluador, catalogándolas de **ética de la evaluación,** ya que se tomarán decisiones éticas complejas que determinan su credibilidad, así como su utilidad.

Las condiciones generales que deben reunir los componentes de un equipo evaluador según la OCDE son las siguientes:

Normas y códigos
- Respetar las principales normas y códigos de conducta profesionales y éticos que les atañen.

Integridad
- La evaluación se lleva a cabo con integridad y honradez.

Igualdad de trato, de oportunidades y de género
- Respetar los derechos humanos y las diferencias culturales y en las costumbres, creencias y prácticas religiosas los actores implicados, promoviéndose la sensibilidad hacia las consideraciones de género, origen étnico, capacidad, edad, orientación sexual, lengua y otras diferencias.

SABÍAS QUE...

EvalParticipativa es una iniciativa conjunta de investigación y extensión entre el Programa de Estudios del Trabajo, el Ambiente y la Sociedad (PETAS), dependiente de la Universidad Nacional de San Juan (Argentina) y el Instituto Alemán de Evaluación de la Cooperación para el Desarrollo (DEval) a través de sus proyectos de cooperación para el desarrollo de capacidades en evaluación.

- -

 IMPORTANTE

El nivel de participación y coordinación de agentes evaluadores y la constitución y desempeño de la propia comisión de selección también debe ser evaluada *(metaevaluación)*.

- -

 TAREA 2

Cayetana, como interlocutora del proyecto que se liderará desde la fundación en la que trabaja, quiere esbozar aquellas medidas que ayudarían a diseñar la implicación y colaboración de las entidades y agentes que estarán involucrados en el proyecto. Definido el MAC y establecido el nivel de implicación y funciones de las/os integrantes del equipo, ¿qué propuestas puedes plantearle?

- -

4. Coordinación con agentes evaluadores externos

👉 **HILO CONDUCTOR**

Hay muchas formas de evaluar. Contar con una evaluación externa también es otra opción que contemplar en el diseño e implementación de un proyecto comunitario. Contemplar la propuesta de un/a agente evaluador/a en el proyecto ha sido idea de la presidenta de la Fundación D&I, que no quiere dejar atrás ninguna posible opción, de modo que Cayetana contemplará propuestas de varios agentes evaluadores externos para indagar en la estrategia que propondrían llevar a cabo, presupuesto, etc.

La **evaluación externa** conlleva la implicación de profesionales expertos no implicados directamente con el proyecto en cuestión o con la entidad que lo ejecuta. Su característica principal será la **interactividad,** donde se realizará la participación del agente externo del propio equipo interno, responsables de la evaluación participativa.

El/la agente evaluador/a externo/a asumirá el rol de facilitación en el proceso de seguimiento y evaluación.

 **IMPORTANTE**

Si se cuenta con profesionales externos para el procedimiento de seguimiento y evaluación, su papel será el de facilitación del proceso, no el de agente evaluador.

ACTIVIDAD COMPLEMENTARIA

2. En la Fundación D&I están planteando la posibilidad de contar con una/o agente evaluador/a especializado/a en evaluación de proyectos. Cayetana necesita saber cómo enfocaría esta estrategia en el proyecto que se liderará desde su entidad y quiere diseñar una propuesta en la que pueda plantear ventajas y desventajas de contar con una evaluación externa.

Determina qué ventajas e inconvenientes podrían identificarse para llevar a cabo una evaluación externa en un proyecto comunitario.

5. Resumen

Entre la diversidad de evaluaciones en el campo de la intervención social, la evaluación participativa cobra relevancia por el papel clave de la implicación de agentes sociales y, por ende, del empoderamiento de la propia comunidad.

La evaluación participativa ofrece a un proyecto comunitario, por un lado, la participación activa de la propia comunidad objeto de la intervención y, por otro, incidir en el propio empoderamiento y liderazgo de agentes clave en el propio territorio.

La implicación de actores clave en el procedimiento y evaluación de un proyecto comunitario requiere de la oportunidad de participar y la capacidad de participar, de ahí la importancia de aspectos significativos como:

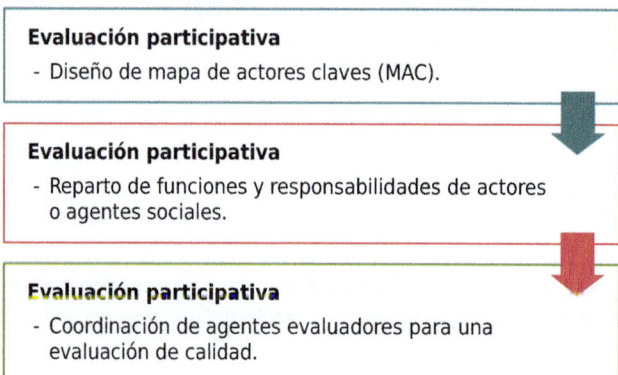

Evaluación participativa
- Diseño de mapa de actores claves (MAC).

Evaluación participativa
- Reparto de funciones y responsabilidades de actores o agentes sociales.

Evaluación participativa
- Coordinación de agentes evaluadores para una evaluación de calidad.

Ejercicios de autoevaluación
Unidad de Aprendizaje 2

1. El alcance de la evaluación participativa se encuentra limitado por factores como...

    a. ... la implicación de agentes o actores.
    b. ... la falta de claridad en la planificación y diseño.
    c. ... la poca disponibilidad de información y datos.
    d. Las tres opciones son correctas.

2. Indica si la siguiente oración es verdadera o falsa: "El diseño y desarrollo de una evaluación conjunta puede ser más complejo, lento y costoso".

    ■ Verdadero
    ■ Falso

3. Un procedimiento de seguimiento y evaluación interna se recomienda si...

    a. ... existe formación y experiencia en la temática por parte de las personas que lo liderarán.
    b. ... existe disponibilidad de tiempo y recursos para apostar por la calidad del mismo.
    c. ... existe objetividad y transparencia en la comunicación de datos.
    d. Todas las opciones son correctas.

4. Cousins & Withmore (1998) delimitan la "evaluación participativa" con base en...

    a. ... eficacia, eficiencia e impacto.
    b. ... control técnico compartido y diversidad de agentes.
    c. ... eficacia, evaluabilidad e impacto.
    d. ... control técnico, diversidad de agentes y responsabilidad de estos.

5. **Indica si la siguiente oración es verdadera o falsa: "La inclusión de dichos agentes en una evaluación participativa asegura que las evaluaciones sean más representativas y consideradas de los intereses de todas las partes implicadas".**

- ■ Verdadero
- ■ Falso

Evaluación integral de un proyecto comunitario

Contenido

1. Introducción
2. Momentos en la ejecución de la evaluación integral de un proyecto
3. Recogida de información y análisis. Técnicas e instrumentos
4. Empleo de las tecnologías de la información y la comunicación en la difusión de resultados
5. Estrategias de comunicación en la evaluación de un proyecto comunitario
6. La gestión de la calidad en el ámbito comunitario: procedimiento general
7. Resumen

Objetivos

Los Objetivos específicos de esta Unidad de Aprendizaje son:

→ Conceptuar los distintos momentos que conlleva el procedimiento de seguimiento y evaluación de un proyecto comunitario.
→ Interpretar la relevancia de la estrategia comunicativa, coordinación y fortalecimiento de la comunidad y actores clave del proyecto.
→ Proponer acciones de comunicación que emplear según los tipos de comunicación que contemplar en la estrategia.
→ Analizar la diferenciación entre comunicación interna y externa.
→ Establecer la relación entre la estrategia de comunicación y el protocolo para la difusión de resultados.
→ Delimitar distintas técnicas o herramientas de carácter cualitativo, cuantitativo y participativo para la recogida de información.

1. Introducción

La implementación de un proyecto comunitario tiene la obligación de garantizar la objetividad y transparencia en la gestión de una evaluación de calidad, siendo la garantía de los resultados obtenidos y del impacto del proyecto.

El *procedimiento de seguimiento y evaluación* de un proyecto es la herramienta que plasmará la planificación, por un lado, de los objetivos que conseguir y del diseño de los términos de referencia (TdR) como trabajo previo a la ejecución de aquel y, por otro, delimitará los momentos en la ejecución de la evaluación participativa, recogida de información y análisis de esta. Sin olvidar la identificación de actores clave y la asignación de responsabilidades.

El eje vertebrador de cualquier proyecto y de cualquier evaluación participativa que se preste es la delimitación de una estrategia de comunicación eficaz. Estrategia que sustente la base de la integración de los dos tipos de comunicación existentes: comunicación interna y comunicación externa. Dicha estrategia permitirá tanto la coordinación y *feedback* de agentes o actores implicados como la apertura hacia el exterior, dando a conocer la intervención, las buenas prácticas llevadas a cabo y el impacto conseguido sobre la comunidad objeto.

Por su parte, la aplicación de una dinámica de trabajo participativa y colaborativa entre los agentes clave en cuanto a la recogida de información, así como su posterior análisis de resultados e impacto, proveerá al procedimiento de seguimiento y evaluación de un mayor acercamiento a las necesidades e intereses de la comunidad, permitiendo, a la vez, analizar y valorar los resultados del proyecto con respecto a lo esperado, pudiendo mejorar la sostenibilidad de los beneficios de la intervención.

Atendiendo a la temporalidad del procedimiento de seguimiento y evaluación, pueden distinguirse distintos momentos evaluativos, para lo que hay que conocer sus principales características, así como la finalidad o modalidad de trabajo de cada tipo de evaluación. Nos basaremos en la identificación de los distintos tipos de evaluación derivados de los momentos evaluativos para que Cayetana conozca las apreciaciones de cada uno de ellos en la continuidad del proyecto y pueda identificar cómo diseñar todo el procedimiento.

2. Momentos en la ejecución de la evaluación integral de un proyecto

☞ HILO CONDUCTOR

El procedimiento de seguimiento y evaluación de un proyecto debe permitir aportar elementos para el análisis de la intervención, valoración de la ejecución y resultados, conocer el impacto y obtener aprendizajes y recomendaciones de mejora. Cayetana necesita abordar la delimitación de los momentos que tener en cuenta en la ejecución de un proyecto comunitario.

Resulta obvio apuntar a la **planificación del procedimiento de seguimiento y evaluación** cuando se diseña y planifica un proyecto, programa o intervención, delimitando siempre que el seguimiento se encuentre alineado con el propósito de evaluación.

La **estrategia evaluativa** permitirá tener una visión global sobre el alcance del proyecto, a la vez que aportará el análisis de cuestiones específicas que tener en cuenta sobre los distintos aspectos.

La propuesta del **procedimiento de seguimiento y evaluación** de un proyecto conlleva el diseño de una estrategia que implica:

➲ **Planificación del procedimiento:** los términos de referencia (TdR) son el foco como trabajo previo a su planificación, así como la diferenciación entre seguimiento y evaluación. Es necesario diferenciar entre tres conceptos que tienden a confundirse:

　◔ **Estrategia:** métodos, técnicas y recursos para llevar a cabo el procedimiento de seguimiento y evaluación. La estrategia de evaluación incorporará acciones de evaluación, técnicas e instrumentos que ayuden a conseguir los objetivos marcados.

　◔ **Técnica:** procedimiento que utilizar para obtener información, por lo que cada técnica incluye instrumentos de evaluación. Por ejemplo, análisis de necesidades, observación, análisis documental, métricas, grupo focal...

　◔ **Instrumento:** son aquellas herramientas que permiten cumplir el fin de la técnica planteada. Por ejemplo, guía de observación, cuestionarios, informes...

⊃ **Delimitar momentos en la ejecución:** el propósito determinará el "para qué", "qué" y el "cómo" del procedimiento de seguimiento y evaluación alineados con los objetivos diseñados y la concreción de los momentos que determina el procedimiento:

    ◔ **Evaluación *ex ante:*** datos relevantes para el diseño y planificación de una intervención, así como llevar a cabo el "análisis del impacto de género".

    ◔ **Evaluación intermedia:** se lleva cabo durante la implementación del proyecto.

    ◔ **Evaluación final:** valora el desempeño global de la intervención.

⊃ **Diseñar el mapa de actores claves (MAC):** abordar el diseño del mapa de actores y el reparto de responsabilidades en materia evaluativa *(stakeholders based evaluation).*

 **VÍDEO**

En este vídeo, expertas en sistemas de monitoreo y evaluación de Eurofront responden a cuestiones relacionadas con la metodología de evaluación. Accede a través del siguiente enlace para verlo.

https://redirectoronline.com/1128060301

Para la formulación de los denominados **términos de referencia (TdR)** es importante tomar como punto de partida el propósito y objetivos de la evaluación participativa y centrar la atención en cuestiones generales, ya que son las que la definen. Desde la *Guía de evaluación de programas y proyectos sociales* de la Plataforma de ONG de Acción Social se hace referencia a los TdR del siguiente modo:

Los Términos de Referencia deben incluir las preguntas a las que la evaluación debe dar respuesta, temática muy relacionada con los componentes o criterios de evaluación.

CONSEJO

Es relevante implicar a todas las partes interesadas en la preparación y la aprobación final de los términos de referencia (TdR) de la evaluación, convirtiéndose en la guía práctica para la ejecución y gestión de esta.

No existe un guion de referencia de contenidos para el diseño de los TdR, ya que será cada proyecto con sus peculiaridades el que adaptará los suyos propios, delimitando las principales características del procedimiento de seguimiento y evaluación. A modo de posibilidades podemos identificar:

Términos de referencia (TdR)

En cuanto al enfoque general del seguimiento y evaluación de un proyecto deberá atenderse a:
- Propósito, alcance y objetivos del procedimiento de seguimiento y evaluación de la intervención.
- Criterios de la evaluación.
- Momentos de la evaluación y caracterización de los distintos tipos de evaluación que llevar a cabo.
- Diseño de indicadores de género.
- Calendarización del procedimiento.
- Elaboración de informes como documentos formales.
- Difusión de resultados interna y externa.
- Metaevaluación.
- Gestión de la calidad.

Atendiendo a la **temporalidad** de las evaluaciones, pueden distinguirse distintos momentos evaluativos: previo a la ejecución, durante la intervención, en el momento de la finalización y transcurrido un periodo después de la ejecución. Fruto de la delimitación de dichos momentos, se distinguen diferentes tipos de evaluación.

Siguiendo la propuesta establecida en la *Guía de evaluación de programas y proyectos sociales* de la Plataforma de ONG de Acción Social señalamos brevemente sus principales características:

- **Evaluación *ex ante:*** tiene por finalidad esencial la de proporcionar información significativa para tomar la correspondiente decisión en torno a si el proyecto debe o no ejecutarse, o bien cuál es el proyecto más adecuado para el apoyo y financiación (elegir racionalmente entre proyectos alternativos), o bien qué modificaciones deben introducirse en determinada formulación antes de su ejecución. El **análisis de impacto de género** también conlleva una evaluación *ex ante.*
- **Evaluación intermedia:** tiene por finalidad extraer información, reflexiones y conclusiones sobre la marcha y desempeño del proyecto. Se trata de examinar con juicio crítico la validez continuada de las hipótesis en que se fundamentaron las proyecciones realizadas en el diseño.
- **Evaluación final:** tiene por finalidad valorar el desempeño global de un proyecto cuya ejecución ha finalizado y extraer las correspondientes enseñanzas.
- **Evaluación *ex post* o de impacto:** muy ligada a la anterior, en cuanto a su naturaleza y procedimientos, este tipo de evaluación se realiza un tiempo después de haber concluido la ejecución del proyecto y trata de estudiar en profundidad sus repercusiones en el contexto de la intervención.

 SABÍAS QUE...

La *Guía de evaluación de programas y proyectos sociales* de la Plataforma de ONG de Acción Social pretende facilitar el camino a las organizaciones de la sociedad civil y a las ONG de acción social cuando decidan iniciar su acercamiento a los sistemas de dirección estratégica, en especial en las primeras fases de análisis, diagnóstico y planificación.

✏️ ACTIVIDAD 3

Cayetana se encuentra con el equipo de trabajo diseñando el procedimiento de seguimiento y evaluación de la intervención en la que están trabajando. La propuesta debe contemplar técnicas e instrumentos de evaluación acordes al carácter participativo de esta.

Se centran en la evaluación intermedia como momento de la evaluación y sobre la que van a trabajar. ¿Qué opciones posibles de técnicas e instrumento seleccionarías para este fin?

a. Cuestionario mixto a las personas participantes sobre el logro de objetivos, la satisfacción de las personas beneficiarias y la eficiencia de acciones.
b. Grupo focal sobre un tema específico que atañe a la evaluación intermedia.
c. Métricas correspondientes a la evaluación final.
d. Las opciones a y b son correctas.

3. Recogida de información y análisis. Técnicas e instrumentos

👉 HILO CONDUCTOR

La segunda fase, después del diseño y planificación del proyecto, es la ejecución de la intervención, lo que supone la puesta en marcha efectiva de acciones de recogida, tratamiento y análisis de la información. Por ello, se requiere de una revisión de posibles técnicas e instrumentos que ayuden en esta ardua tarea, fruto de la ejecución de un proyecto y la determinación de la consecución de los objetivos propuestos.

El procedimiento de seguimiento y evaluación intermedia se realiza **sobre la intervención social,** aplicando los procedimientos, técnicas e instrumentos más adecuados para la recogida de información y su posterior análisis. Procesos ambos, recogida y análisis, que deben hacerse contando con la más amplia participación de los distintos agentes implicados en la intervención.

El fundamento de la recogida de información está en el empleo de técnicas cualitativas, cuantitativas y participativas de recolección desde una **participación interactiva** de la comunidad. Las **técnicas e instrumentos de recogida y análisis de la evaluación se adecuan a la realidad de los diferentes agentes,** por ello hay que tener en cuenta los siguientes aspectos:

- **Propósito de técnicas e instrumentos:** delimitar el propósito de técnicas o instrumentos para la recogida de información y su posterior análisis.
- **Uso adecuado para la obtención de la información:** la recogida de información es una pieza clave en la implementación de un proyecto para proporcionar información adicional pertinente y organizada. Para ello se hace necesario consensuar aquellas técnicas, instrumentos o herramientas que utilizar reflejando un uso de calidad, pudiéndose distinguir entre:

  - **Cuantitativas:** utilizan la medición numérica y el análisis estadístico para cuantificar resultados, permitiendo la comparación y la generalización de datos. Por ejemplo, cuestionarios, encuestas, análisis de contenido cuantitativo...
  - **Cualitativas:** se busca comprender fenómenos en profundidad sin abordar datos de carácter cuantitativo. Por ejemplo, la entrevista.

  También podemos incidir en herramientas participativas como:

  - **Grupo focal:** grupo de discusión que se enfoca en la interacción y el debate entre las personas participantes, permitiendo que construyan en común.
  - **Diagrama de Ishikawa:** permite mostrar de manera esquemática las posibles causas de un problema.
  - **Análisis DAFO:** permite identificar debilidades, amenazas, fortalezas y oportunidades de un proyecto u organización.
  - **Diagrama de Venn:** permite mostrar las relaciones lógicas y visuales entre dos o más conjuntos analizados.

- **Capacitación en el análisis de la información:** el análisis de la información obtenida requiere de una capacitación en esta fase por parte de los diferentes agentes intervinientes.

El **análisis de la información** obtenida a través de las distintas técnicas o herramientas de recogida de información empleadas permitirá la categorización y sistematización de datos, abordar el nivel de consecución de los objetivos perseguidos y la interpretación de resultados hasta la posible propuesta de opciones de mejora.

RECUERDA

El análisis de la información de un proyecto comunitario cuenta con la funcionalidad de que la propia comunidad pueda recuperar una visión holística de la intervención llevada a cabo.

TAREA 3

Cayetana trabaja en la delimitación de técnicas e instrumentos de carácter cualitativo que permitan desde el trabajo participativo abordar el análisis de necesidades de la comunidad objeto de la intervención, permitiendo definir el problema o la oportunidad que impulsa el proyecto.

Para llevar a cabo esta tarea, ¿qué técnicas participativas e instrumentos podrías proponer a Cayetana?

4. Empleo de las tecnologías de la información y la comunicación en la difusión de resultados

 ## HILO CONDUCTOR

La comunicación de los resultados e impacto de un proyecto se enfoca en la elaboración de informes de seguimiento y evaluación, así como en la comunicación formal de estos y su posterior difusión. La incorporación de las TIC en la implementación de proyectos comunitarios permite la creación de espacios colaborativos, lenguajes, programas y comunicación que permiten una apertura en la estrategia evaluativa. Desde la Fundación D&I son conscientes de ello y quieren indagar en este aspecto de gran importancia.

El uso de las **tecnologías de la información y la comunicación (TIC)** en los proyectos comunitarios forma parte de la etapa de análisis y difusión de resultados con el objetivo del empleo de estas tecnologías en el procedimiento de seguimiento y evaluación. Recordemos cómo lo cuantitativo y lo cualitativo aportan una complementariedad no solo en la recopilación, procesamiento y análisis de la información, sino también en la difusión de resultados e impacto de un proyecto.

 SABÍAS QUE...

Las tecnologías de la información y la comunicación (TIC) son el conjunto de recursos, herramientas, equipos, programas informáticos, aplicaciones, redes y medios que permitan la compilación, procesamiento, almacenamiento y transmisión de información, como por ejemplo voz, datos, texto, video e imágenes, entre otros. ENACOM (Ente Nacional de Comunicaciones).

La multitud de recursos tecnológicos existentes facilita tanto el procesamiento de la información de la que se dispone como la gestión documental y análisis mediante aplicaciones, programas, etc., además de la difusión de resultados e impacto obtenido: publicación de artículos, guías o manuales en sectores especializados, producción de productos audiovisuales para distintos medios y plataformas (publicidad, vídeos para redes sociales, contenido en *streaming,* vídeos corporativos...).

La introducción de la **inteligencia artificial (IA)** con su potencial transformador ofrece soluciones que eran inimaginables hace unos años. También el ámbito social, comunitario y la gestión de proyectos pueden ver incrementado su rendimiento con el uso de la IA en el análisis y difusión de resultados del procedimiento de seguimiento y evaluación.

 EJEMPLO

Utilizar plataformas gratuitas como *Zoom, Webex* o *Google Meat* para reuniones virtuales en tiempo real que permiten a personas en diferentes ubicaciones interactuar a través de vídeo y audio.

Continúa en página siguiente >>

<< Viene de página anterior

Microsoft Power BI o cualquier *software* de informes gratuito como *Google Data Studio* permiten extraer información y poder compararla creando y diseñando informes y análisis de datos interactivos.

 PARA SABER MÁS

Canva te permite diseñar tu propio informe, explorando plantillas o hacer un diseño único. Accede a la aplicación a través del siguiente enlace.

https://redirectoronline.com/1128060303

 ACTIVIDAD 4

Uno de los agentes claves que participa con la intervención comunicativa llevada a cabo por la Fundación D&I es la Consejería de Asuntos Sociales e Igualdad. Desde la fundación se quieren plantear varias acciones que ayuden a la presentación y difusión de informes de evaluación con los resultados obtenidos. ¿Qué TIC se te ocurre plantear?

a. *Webex* para colaboraciones en línea.
b. Documento confeccionado por procesador de texto.
c. Hoja de cálculo con información cuantitativa.
d. Todas las opciones son incorrectas.

---

5. Estrategias de comunicación en la evaluación de un proyecto comunitario

☞ HILO CONDUCTOR

La comunicación en la evaluación de un proyecto comunitario debe planificarse a modo de estrategia que posibilite una adecuada relación con la población objeto, en la propia dinámica de trabajo, en la recogida de información, análisis y difusión de resultados. Por ello se hace necesario indagar en este tipo de estrategia e incluso recabar buenas prácticas al respecto para poder tomarlas como referencia.

A veces ocurre en la ejecución de proyectos que la comunicación siempre parece escasa o que no satisface todas las necesidades y demandas de las partes implicadas. La comunicación (interna y externa) es siempre uno de los elementos más reivindicativos desde cualquier organización y, en particular, desde cualquier intervención que se requiera.

Su papel en el procedimiento de seguimiento y evaluación en un proyecto comunitario es de relevancia para canalizar toda la información, planificar el trabajo que llevar a cabo, obtener información y analizar y difundir resultados. En particular, en una evaluación participativa se debe disponer de un *canal totalmente abierto y de gran poder de comunicación* y *feedback*.

La comunicación cumple con funciones tales como:

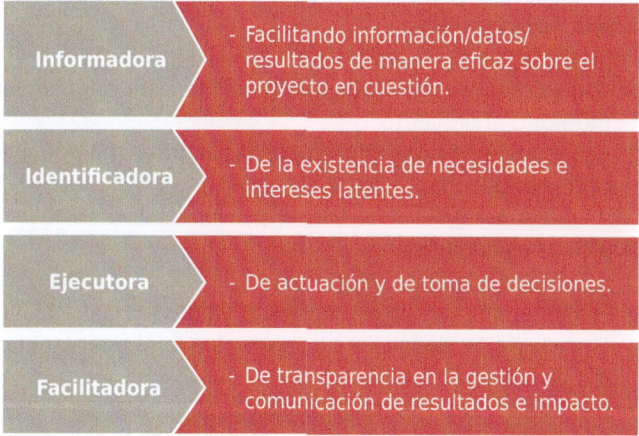

Informadora	- Facilitando información/datos/resultados de manera eficaz sobre el proyecto en cuestión.
Identificadora	- De la existencia de necesidades e intereses latentes.
Ejecutora	- De actuación y de toma de decisiones.
Facilitadora	- De transparencia en la gestión y comunicación de resultados e impacto.

La comunicación organizacional o comunitaria está compuesta por la información que se da en el interior (**comunicación interna**) así como del mensaje que se proyecta hacia el exterior (**comunicación externa**). Establecer una estrategia de comunicación resulta de gran interés en el desarrollo de un proyecto comunitario, identificando objetivo de la estrategia, público destinatario, qué se comunicará y cómo, asignación de recursos humanos, cronograma...

El objetivo común de la comunicación interna y externa es la fiabilidad y confiabilidad de la propia estrategia de comunicación diseñada, permitiendo la retroalimentación y el aprendizaje sobre la propia práctica. La diferenciación de estos dos tipos de comunicación cuenta con las siguientes peculiaridades:

Comunicación interna	Comunicación externa
- Es aquel tipo de comunicación que permitirá que el conjunto de agentes implicados esté informado y al día del plan de trabajo, del desarrollo del proyecto, contribuyendo a un mismo fin.	- Este tipo de comunicación permitirá ofrecer información a un público externo con una determinada finalidad (rendición de cuentas, comunicar buenas prácticas, influir sobre actuaciones de otros grupos o entidades, posicionar la imagen de la entidad, territorio...).

Puede resultar algo inherente a la formulación de un proyecto, pero es de gran relevancia diseñar una **estrategia o plan de comunicación** acorde. Veamos algunas de sus peculiaridades:

⊃ **Objetivos generales**

〇 Organizar una comunicación eficiente para dar visibilidad en la comunidad al proyecto.
〇 Sistematizar la comunicación entre actores, personal técnico y entidades implicadas.

⊃ **Objetivos específicos**

〇 Delimitar ámbitos, qué comunicar y cómo.
〇 Coordinación de las actuaciones para implementar el plan o estrategia de comunicación.
〇 Llevar a cabo la metaevaluación de la estrategia.

◑ Elaborar un informe final de los alcances de la estrategia de comunicación y de ejecución de las actividades desarrolladas.
◑ Etc.

➲ **Actuaciones**

◑ Diferenciación entre comunicación interna y externa.
◑ Identificación de herramientas y canales de comunicación (escrita, redes sociales, material audiovisual, notas de prensa, boletín informativo...).
◑ Segmentación de audiencias y adaptación de mensajes.
◑ Planificación de actividades y eventos de comunicación.
◑ Delimitación de las herramientas para llevar a cabo la evaluación de la propia estrategia de comunicación.
◑ Etc.

IMPORTANTE

La evaluación de los flujos y recursos comunicacionales empleados también será objeto de análisis (metaevaluación): recapitulación de los logros alcanzados, lecciones aprendidas, buenas prácticas y posibles recomendaciones para futuras acciones de comunicación.

Finalmente indicar que el **plan de comunicación** debe incluir un **protocolo** para la comunicación y divulgación de los resultados de un proyecto a agentes implicados y otras entidades.

EJEMPLO

A grandes rasgos, como componentes de un protocolo se propone el siguiente ejemplo:

• Definición de objetivos que lograr con la comunicación y difusión del resultado.
• Delimitar la audiencia destinataria.
• Contenido clave que transmitir.

Continúa en página siguiente >>

<< Viene de página anterior

- Seleccionar canales y medios.
- Establecimiento del cronograma.
- Seguimiento y evaluación del propio protocolo.

- -

Se hace relevante que el propio **plan de comunicación** disponga de criterios que permitirán verificar la utilidad de instrumentos o medios utilizados que permitan valorar tanto la funcionalidad como la utilidad real. Para los distintos criterios se definirán los indicadores que se consideren pertinentes:

Algunos de los principales criterios para este cometido pueden ser:

- **Alcance:** es necesario tener en cuenta el número de personas de la comunidad u otras entidades/personas a las que llega según el tipo de comunicación (interna o externa).
- **Retroalimentación:** se analiza el tipo de respuesta, *feedback,* sugerencias o valoraciones de las personas destinatarias.
- **Relevancia o pertinencia:** analiza a la audiencia, es decir, si la información transmitida es pertinente para las personas destinatarias y responde a necesidades reales.
- **Impacto en la toma de decisiones:** se aborda si la información y datos que se comunican influyen en la toma de decisiones, nuevas propuestas...

 ## ACTIVIDAD COMPLEMENTARIA

3. Las redes sociales juegan un papel relevante en cualquier plan de comunicación de una intervención. Busca información respecto al papel que juegan en este cometido y responde a las siguientes preguntas:

   · ¿De qué modo las RR. SS. contribuyen a la visibilidad de una intervención y la difusión de sus resultados?
   · ¿Cómo debe reflejarse el uso de la RR. SS. en el plan de comunicación?

- -

ACTIVIDAD 5

Si los indicadores cualitativos utilizados para verificar la utilidad de un medio o instrumento concreto incluido en el plan de comunicación indican que no se obtiene ningún tipo de aportación por parte del público objetivo, ¿a qué tipo de criterio se está haciendo referencia?

 TAREA 4

Cayetana está consultando distintos proyectos para obtener información sobre el plan de comunicación que han ejecutado y así poder tener más claro cómo actuar respecto a este tema desde la propuesta que lidera su fundación.

Propón estrategias de comunicación/acciones concretas que emplear según los dos tipos de comunicación que contemplar en una estrategia de ese tipo: comunicación interna y externa.

Delimita la relación ente la comunicación externa y la finalidad del protocolo para la difusión de resultados.

---

6. La gestión de la calidad en el ámbito comunitario: procedimiento general

 HILO CONDUCTOR

Proporcionar criterios objetivos e imparciales para una propuesta de calidad resulta clave para el éxito y aplicabilidad de un proyecto y, por ende, para el procedimiento de seguimiento y evaluación. Para abordarlo, Cayetana necesita conocer la relevancia de la gestión de la calidad de una intervención y el requerimiento necesario para ello.

Hablar de la gestión de la calidad en el ámbito comunitario es someter la intervención a un conjunto de reglas o principios sobre calidad, enlazados entre sí, que permitan su mejora continua, a partir de los criterios establecidos en el procedimiento de calidad. La calidad de una intervención es una dimensión intrínseca a un proyecto en términos de calidad técnica, metodológica y de resultados de la intervención, asegurando la relevancia para la comunidad, lo que viene a denominarse **plan de gestión de la calidad.**

La delimitación de **indicadores de calidad** debe formar parte del procedimiento diseñado para la propia gestión.

IMPORTANTE

El diseño de la propuesta de los TdR reflejará el proceso de gestión de un procedimiento de seguimiento y evaluación de calidad y fiabilidad de un proyecto o programa. Una *checklist* de valoración de la calidad de los TdR ofrecerá orientación sobre los criterios que contemplar para asegurar la calidad de estos.

La gestión de la calidad en los proyectos es un factor fundamental, ya que abarca todas las fases del ciclo de vida de una intervención. Por ello debemos resaltar la relevancia de que el **procedimiento de seguimiento y evaluación** está impregnado de forma transversal también por la gestión de la calidad de la propia intervención.

SABÍAS QUE...

El concepto de "calidad" procede de las normas ISO de certificación de la implantación de sistemas de gestión y administración de la calidad.

La ISO 9001 es la norma operativa, lo que una entidad debe realizar para cumplir con los requisitos de un sistema de gestión de calidad, y es la única certificable de la familia. En el ámbito social, no son muchas las entidades u organizaciones que estén certificadas.

El procedimiento de gestión de la calidad determinará distintas fases:

- **Planificación de la calidad:** conlleva proyectar el plan de trabajo planificando los distintos elementos que tener en cuenta. La gestión de la calidad debe quedar planificada en el denominado "plan de gestión de la calidad". Se trata del documento que recogerá a modo de hoja de ruta la gestión de la calidad de la intervención. Como cualquier plan de trabajo conlleva identificar:

  - Objetivos generales y específicos de calidad.
  - Metodología del procedimiento.
  - Recursos y medios.
  - Cronograma.
  - Acciones de comunicación del plan.
  - Seguimiento y evaluación del plan.

- **Recogida y análisis de la información:** el análisis de la calidad de la información conlleva recogida de información (matrices, hoja de cálculo...) y análisis de esta para su posterior evaluación.
- **Evaluación de resultados:** el procedimiento de seguimiento y evaluación del plan permitirá determinar la eficiencia del **plan de gestión de la calidad** y posibles áreas de mejora (informe final).

La evaluación final de un proyecto que valorará su desempeño global dará a conocer la calidad de la intervención efectuada basada en su **aplicabilidad** para la comunidad y la consecución de los objetivos propuestos.

Por su parte, la consideración de la **metaevaluación** busca verificar y mejorar la calidad, utilidad y rigurosidad del procedimiento de seguimiento y evaluación, de ahí su relevancia en la gestión de proyectos comunitarios.

 SABÍAS QUE...

La publicación de la *Guía de orientación sobre la elaboración de términos de referencia (TdR) para la contratación de informes externos de evaluaciones de proyectos y programas en el marco de subvenciones otorgadas por la ACCD* tiene como objetivo ayudar a las entidades que tengan que contratar una evaluación externa o mixta en el marco de subvenciones otorgadas por la Agencia Catalana de Cooperación al Desarrollo (ACCD) en la preparación de los TdR.

Continúa en página siguiente >>

<< Viene de página anterior

La finalidad de este documento es:

- Proporcionar las bases para un acuerdo contractual entre la entidad promotora de la evaluación y el equipo evaluador.
- Establecer los parámetros con los que se puede evaluar el éxito de una labor de evaluación facilitando el encaje de los distintos componentes de la evaluación.
- Los TdR con el EGyBDH integrado permiten que la evaluación no sea "ciega" en el género y en los derechos humanos.

 ACTIVIDAD 6

Desde la Fundación D&I, conscientes de la importancia de la gestión de la calidad en el ámbito comunitario, deciden abordar dicho aspecto. Identifica las fases que tener en cuenta para el diseño y evaluación del denominado "plan de gestión de la calidad".

---

7. Resumen

La fase inicial para construir un proyecto comunitario como proceso democrático es su planificación y diseño. Esta labor exige condiciones básicas de participación y compromiso, también en lo que concierne al procedimiento de seguimiento y evaluación.

El empleo y diseño de técnicas e instrumentos de recogida de información, así como de análisis de esta, suponen el sustento de la intervención en términos de cómo se está ejecutando, aparición de posibles inconvenientes y qué resultados se han obtenido. Por su parte, la incorporación de las TIC y de la IA aportan un gran abanico de posibilidades para la difusión de resultados.

La comunicación y la escucha activa son procesos fundamentales en cualquier ámbito y mucho más en la evaluación participativa de un proyecto comunitario.

Análisis de la información
(resultados e impacto)

Recogida de información.
Técnicas e instrumentos

Abordar tipos de evaluación
y diseño de TdR

Identificación de momentos
en la actividad evaluativa

Ejercicios de autoevaluación
Unidad de Aprendizaje 3

1. Indica si la siguiente oración es verdadera o falsa: "El objetivo común de la comunicación interna y externa es la fiabilidad y confiabilidad de la propia estrategia de comunicación diseñada".

   ■ Verdadero
   ■ Falso

2. Atendiendo a la "temporalidad" de las evaluaciones, pueden distinguirse momentos evaluativos tales como...

   a. ... previo a la ejecución, durante la intervención y en el momento de la finalización.
   b. ... previo a la ejecución, durante la ejecución y transcurrido un periodo después de la ejecución.
   c. ... previo a la ejecución, a lo largo de la ejecución y evaluación de impacto de esta.
   d. ... previo a la ejecución, durante la ejecución, finalización y transcurrido un periodo después de la ejecución.

3. Entre las técnicas de recogida de información cualitativa puede identificarse:

   a. Cuestionario
   b. Estudio de casos
   c. Entrevista a informantes claves
   d. Las opciones b y c son correctas.

4. Indica si la siguiente afirmación es verdadera o falsa: "Los 'términos de referencia (TdR) de la evaluación' son el soporte documental a partir del cual se construirán los cimientos de la evaluación".

   ■ Verdadero
   ■ Falso

5. La comunicación externa tiene la finalidad de facilitar funciones como:

    a. Rendición de cuentas
    b. Posicionar la imagen de la entidad
    c. Dar a conocer buenas prácticas
    d. Todas las opciones son correctas.

Glosario

Análisis DAFO
Siglas que vienen del inglés SWOT, cuya traducción al español es DAFO, acrónimo de "debilidades, amenazas, fortalezas y oportunidades", y sirve básicamente para la toma de decisiones.

Análisis del impacto de género
Es el análisis que se centra en identificar y valorar los efectos o repercusiones de una intervención o norma sobre mujeres y hombres, de forma desagregada.

Análisis cuantitativo
Se trata del análisis que centra la recopilación y análisis de información en datos numéricos, por ejemplo, en términos de valores absolutos o porcentuales.

Análisis cualitativo
Es el análisis que se centra en la recopilación y análisis de información en torno a opiniones y experiencias en un contexto objetivo. Por ejemplo, el grado de satisfacción en cuanto a la participación en una medida o acción.

Buenas prácticas
Acciones que han rendido un buen o incluso excelente servicio en un determinado contexto y que se espera que, en contextos similares, rindan los mismos resultados.

Empoderamiento
Se trata de la acción y efecto de empoderar, tal como lo define la RAE.

Ética de la evaluación
Es el indicador que regula la práctica profesional en lo que concierne al procedimiento de seguimiento y evaluación.

Evaluación
El *Diccionario de la Lengua Española* la define como "señalar el valor de una cosa", "estimar, apreciar, calcular su valor".

Evaluación interna
Es el tipo de evaluación que es realizada por la propia organización frente a una evaluación externa.

Evaluación externa
Es aquel tipo de evaluación que es realizado por una entidad o equipo experto en la materia ajeno e independiente al proyecto, programa o acción que evaluar.

Diagrama de Ishikawa
A este tipo de diagrama también se lo conoce como "diagrama de espina de pescado", y permite identificar causas y efectos de un problema o cuestión que analizar.

Diagrama de Venn
Es un tipo de gráfico formado por círculos superpuestos que permite identificar y analizar las relaciones y áreas de solapamiento entre aspectos o variables de análisis.

Impacto de género
Se trata del análisis de cómo normas, políticas, programas, proyectos o acciones afectan de manera diferenciada a hombres y mujeres, buscando identificar desigualdades de género.

Inteligencia artificial (IA)
La Comisión Europea la define como sistemas de *software* (y posiblemente también de *hardware)* diseñados por humanos que, ante un objetivo complejo, actúan en la dimensión física o digital, por un lado, percibiendo su entorno, a través de la adquisición e interpretación de datos estructurados o no estructurados, y, por otro, razonando sobre el conocimiento, procesando la información derivada de estos datos y decidiendo las mejores acciones para lograr el objetivo dado.

Lenguaje inclusivo
Utilización de un lenguaje no sexista donde se pone el centro de atención en las particularidades del género.

OCDE
Siglas que corresponden a la Organización para la Cooperación y el Desarrollo Económicos, organización internacional de carácter interguber-namental en la que los países miembros trabajan de manera conjunta para

responder a los retos económicos, sociales y ambientales derivados de la interdependencia y la globalización.

Responsabilidad Social Corporativa (RSC)
Se trata del conjunto de prácticas y políticas que las organizaciones implementan para gestionar sus negocios de manera ética, considerando el impacto social y medioambiental, además de los beneficios económicos.

Seguimiento
Permite verificar y registrar la evolución y desarrollo de un proyecto.

Stakeholder based evaluation
Son aquellas personas que se ven afectadas, directa o indirectamente, por las acciones de una evaluación.

TdR
Es la sigla que se utiliza para hacer referencia a los denominados "términos de referencia".

Triangulación de datos
Se trata de una técnica de investigación que combina fuentes de información cuantitativa y cualitativa con la finalidad de contrastar información a través de la recogida de datos.

Bibliografía

Monografías

→ AGENCIA Catalana de Cooperació al Desenvolupament: *Guía de orientación sobre la elaboración de términos de referencia (TdR) para la contratación de informes externos de evaluaciones de proyectos y programas en el marco de subvenciones otorgadas por la ACCD.* Barcelona: Generalitat de Catalunya, 2019.

> Esta guía acompaña a la plantilla de términos de referencia (TdR), que se encuentra en el anexo 1, y tiene como objetivo ayudar a las entidades que tengan que contratar una evaluación externa o mixta en el marco de subvenciones otorgadas por la Agencia Catalana de Cooperación al Desarrollo (ACCD) en la preparación de los TdR.

→ OCDE: *Mejores criterios para una mejor evaluación. Definiciones revisadas de los criterios de evaluación y principios para su utilización.* París: Organización para la Cooperación y el Desarrollo Económicos, 2020.

> El documento contiene definiciones adaptadas de los criterios de pertinencia, eficacia, eficiencia, impacto y sostenibilidad, y agrega uno nuevo: coherencia. Asimismo, el documento describe cómo deben utilizarse los criterios de manera reflexiva, ajustándose al contexto de las intervenciones y a las necesidades de las personas destinatarias.

→ TAPELLA, Esteban: *El mapeo de actores claves. Una herramienta al servicio de la evaluación participativa.* [s. l.]: Programa de Estudios del Trabajo, el Ambiente y la Sociedad (PETAS) / EvalParticipativa, 2023.

> En esta guía el autor introduce la técnica del mapeo de actores claves (MAC), una herramienta que considera puede ser de gran utilidad en evaluaciones que se propongan la participación e inclusión social.

Textos electrónicos

→ El Pódcast de Evalparticipativa, de: <https://www.youtube.com/playlist?list=PLyHqvIalXq5i1thbyskcQidWQ1luGczcO>.

> Este es un canal de intercambio y articulación con la comunidad de práctica y aprendizaje de Evalparticipativa.

→ Ética en la evaluación de políticas públicas: dilemas, sesgos y responsabilidades, de: <https://www.observatoriopoliticaspublicas.es/etica-en-la-evaluacion-de-politicas-publicas-dilemas-sesgos-y-responsabilidades-parte-1/>.

> Observatorio de Evaluación de Políticas Públicas.

→ Eurofront, de: <https://programaeurofront.eu/>

> Programa financiado por la Unión Europea destinado a contribuir a la seguridad y la protección de los derechos humanos en América Latina, mejorando la gestión de sus fronteras y fortaleciendo la lucha contra la trata de personas.

→ Instituto para la Evaluación de Políticas Públicas (IEPP), de: <https://portal.mineco.gob.es/es-es/economiayempresa/IEPP/Paginas/quienes-somos.aspx>.

> El IEPP tiene como misión la realización de evaluaciones de políticas públicas; el fomento de la cultura de evaluación y la formulación y difusión de metodologías de evaluación en el ámbito de la Administración General del Estado y sus organismos públicos, además del desarrollo de las funciones que le encomienda la *Ley 27/2022, de 20 de diciembre, de institucionalización de la evaluación de políticas públicas en la Administración General del Estado.*

→ Plataforma de ONG de Acción Social, de: <https://www.plataformaong.org/>.

> Organización de ámbito estatal, privada, aconfesional y sin ánimo de lucro que trabaja para promover el pleno desarrollo de los derechos sociales y civiles de los colectivos más vulnerables y desprotegidos de nuestro país y fortalecer el tercer sector de ámbito social.

→ Red.es., de: <https://www.red.es/es>.

> Red.es se constituye como la entidad impulsora de la Agenda Digital en España desarrollando iniciativas y proyectos de digitalización y desarrollo tecnológico en el ámbito de la economía, los servicios públicos, la ciudadanía, las infraestructuras y la internacionalización de empresas

→ Una evaluación 'sin' evaluadores. Participación ciudadana en la Agenda 2030, de: <https://doi.org/10.4322/rbaval202110013>.

> Este artículo sitúa la evaluación participativa en el marco de la Agenda 2030 y los Objetivos de Desarrollo Sostenible, abogando por una evaluación inscripta en una perspectiva transformadora de la realidad, capaz de crear un diálogo reflexivo y crítico entre múltiples actores que se vinculan con una intervención, programa o proyecto. Se valora la evaluación participativa como un enfoque pertinente al actual contexto de América Latina, destacando la importancia de crear oportunidades para participar, así como capacidades para desarrollar un protagonismo transformador de la ciudadanía.